Colores que se aman

Dirección editorial: Raquel López Varela
Coordinación editorial: Ana María García Alonso
Maquetación: Cristina A. Rejas Manzanera

© del texto, Paco Abril
© de las ilustraciones, Anne Decis

© EDITORIAL EVEREST, S. A.
Carretera León-La Coruña, km. 5 - LEÓN
ISBN: 84-241-7989-7
Depósito Legal: LE. 114-2005
Printed in Spain - Impreso en España

EDITORIAL EVERGRÁFICAS, S. L.
Carretera León-La Coruña, km. 5
LEÓN (España)
Atención al cliente: 902 400 123
www.everest.es

Colores que se aman

Paco Abril
Ilustrado por
Anne Decis

EVEREST

Estaba yo tranquilamente jugando
en mi habitación cuando, de repente,
me sobresaltó un griterío
que venía de la calle.

Luego, ruidos de ventanas abriéndose,
y preguntas angustiadas de
"¿qué pasa?, ¿qué sucede?".

Entre el alboroto, resaltaban palabras
que nunca había oído.

Sonaban doloridas,
        tristes, desconsoladas.

10

Hablaban de algo sobre un disparo...
y de que había una mujer de color
tirada en el suelo.
¿De qué color sería?

No sé por qué me la imaginé verde.

Después oí decir muy suave a mi abuela:

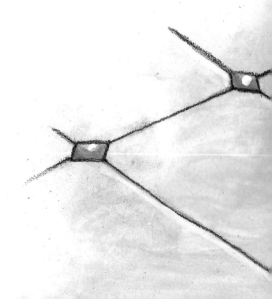

"Bajad la voz, vais a asustar al niño".

El niño soy yo.

Me llamo Luca.
Tengo cinco años.

En el espejo he visto
que mi piel es negra,
igual que la de mi padre.
Mi madre, sin embargo,
tiene la piel blanca.

Estoy hecho de dos colores
diferentes que se aman.

Se lo digo al espejo
y me sonríe satisfecho desde el otro lado.

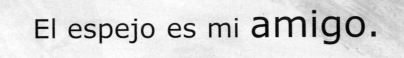

El espejo es mi **amigo**.

Abajo siguen los gritos.

Tengo **miedo**.

¿Por qué vendrá el miedo malo
a visitarme si **yo no quiero**?

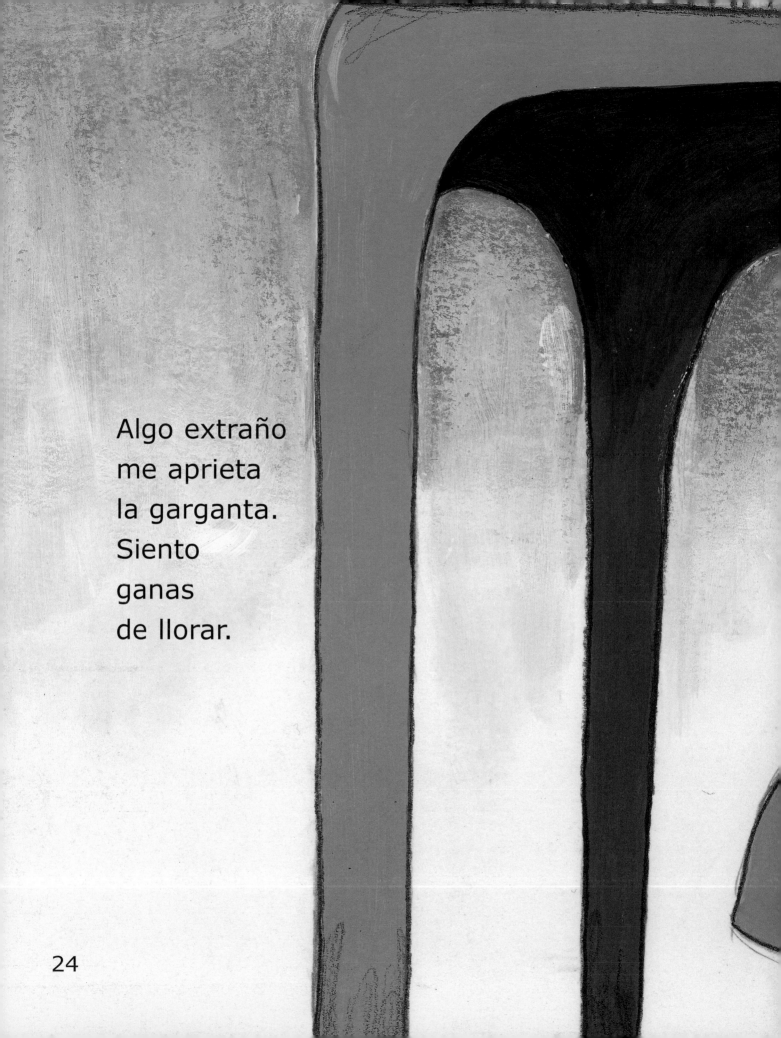

Algo extraño
me aprieta
la garganta.
Siento
ganas
de llorar.

Antes de que las lágrimas lleguen
a mis ojos, aparece mi abuela Dolores
como un hada buena.

Me aúpa, me abraza y pronuncia
palabras mágicas que traen alegría.

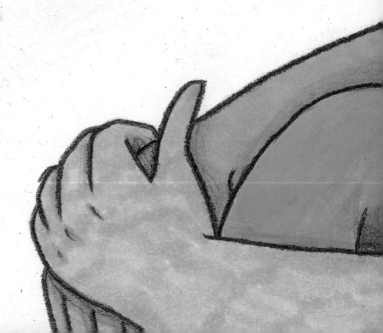

Y yo me río.
Al miedo le espanta la risa...
Y se marcha corriendo,
asustado.

Este libro está dedicado

a **Lucrecia Pérez** que voló a España
desde la República Dominicana
buscando colores que se amaran,
y murió asesinada por esos bárbaros que pretenden
imponernos a la fuerza un solo color, el color del odio.

A **Dolores Soler-Espiauba**, que tanto sabe del dolor y las
esperanzas de todas las Lucrecias, vengan en avión o en patera.

A **Luca**, niño negro, en cuya fotografía en color
vi una historia de amor en blanco y negro.

A **mi hijo Manuel**, que juega con todos los colores
mucho antes de saber sus nombres.

Y, por supuesto, a **Ana L. Chicano**, que cada día
me da alas para seguir escribiendo
en rojo, anaranjado, amarillo, verde, azul, añil y violeta.